Hendrik Vedder

Business Process Outsourcing - Eine branchenspezifische Betrachtung im Bankenwesen

GRIN Verlag

Bibliografische Information der Deutschen Nationalbibliothek:

Die Deutsche Bibliothek verzeichnet diese Publikation in der Deutschen National-
bibliografie; detaillierte bibliografische Daten sind im Internet über http://dnb.d-
nb.de/ abrufbar.

Impressum:

Copyright © 2006 GRIN Verlag GmbH
Druck und Bindung: Books on Demand GmbH, Norderstedt Germany
ISBN: 978-3-638-78285-2

Dieses Buch bei GRIN:

http://www.grin.com/de/e-book/67060/business-process-outsourcing-eine-branchen-
spezifische-betrachtung-im

GRIN - Your knowledge has value

Der GRIN Verlag publiziert seit 1998 wissenschaftliche Arbeiten von Studenten, Hochschullehrern und anderen Akademikern als eBook und gedrucktes Buch. Die Verlagswebsite www.grin.com ist die ideale Plattform zur Veröffentlichung von Hausarbeiten, Abschlussarbeiten, wissenschaftlichen Aufsätzen, Dissertationen und Fachbüchern.

Besuchen Sie uns im Internet:

http://www.grin.com/

http://www.facebook.com/grincom

http://www.twitter.com/grin_com

EUROPEAN BUSINESS SCHOOL

International University Schloß Reichartshausen

Seminararbeit

im Rahmen des Seminars am Lehrstuhl Wirtschaftsinformatik

SS 2006

Business Process Outsourcing

-

Eine branchenspezifische Betrachtung im Bankenwesen

Name: Hendrik Vedder

Abgabedatum: 06. September 2006

Inhaltsverzeichnis

Abbildungsverzeichnis

Abkürzungsverzeichnis

AG	Aktiengesellschaft
Aufl.	Auflage
BAFin	Bundesanstalt für Finanzdienstleistungsaufsicht
BCB	Betriebscenter für Banken
BGB	Bürgerliches Gesetzbuch
BGBl.	Bundesgesetzblatt
BITKOM	Bundesverband Informationswirtschaft, Telekommunikation und neue Medien e.V.
BPO	Business Process Outsourcing
CIR	Cost-Income-Relation
Diss.	Dissertation
EDV	Elektronische Datenverarbeitung
et al.	et alii
e.V.	eingetragener Verein
Hrsg.	Herausgeber
ICT	Informations- und Kommunikationstechnologie
IT	Informationstechnologie
KWG	Kreditwesensgesetz
m.W.v	mit Wirkung vom
o.V.	ohne Verfasser
SLA	Service-Level-Agreements
SZB	Servicezentrum Bayern
S.	Seite

1 Einleitung

Das Konzept des Outsourcings wird seit den 1990er-Jahren im industriellen Sektor als etabliertes Mittel gegen internationalen Wettbewerb und Kostendruck eingesetzt. Das Hauptaugenmerk liegt dabei auf der Optimierung der Wertschöpfungskette durch Konzentration auf die Kernkompetenz und die Auslagerung von Funktionen an Zulieferern. Durch den technischen Fortschritt ist in den vergangenen Jahren zudem die Fremderstellung von Dienstleistungen möglich geworden. Nachdem die Unternehmen zunächst nur administrative Prozesse verlagert haben, werden nunmehr auch kernnahe Prozesse zur Verringerung der Leistungstiefe ausgelagert. Diese Entwicklung ist vor allem in der Finanzbranche festzustellen. Die Hintergründe, Auswirkungen und Tendenzen sollen nun im Folgenden näher erläutert werden.

Im zweiten Abschnitt werden zunächst die verschiedenen Formen sowie das Business Process Outsourcing dargestellt. In Kapitel drei folgen dann eine kurze Beschreibung der aktuellen Situation im Bankenwesen sowie die daraus resultierenden Anforderungen für die Finanzinstitute. Nachdem im vierten Kapitel genauer die branchenübergreifende sowie bankenspezifische Entwicklung und der aktuellen Stand des Business Process Outsourcing betrachtet wurden, werden im fünften Abschnitt mögliche Entscheidungskriterien für oder gegen eine Auslagerung von Geschäftsprozessen aufgeführt. Im sechsten Abschnitt werden dann anhand dieser Kriterien auslagerbare Prozesse identifiziert. Die Arbeit wird mit einer Schlussbetrachtung geschlossen.

2 Begriffserläuterung

2.1. Outsourcing Formen

Der Begriff *Outsourcing* ist ein in den 80er-Jahren des vergangenen Jahrhunderts erzeugtes Kunstwort, dass aus den Worten „outside resource using" entstanden ist und wortwörtlich die „Nutzung externer Ressourcen" bezeichnet[1].

Im Laufe der Zeit haben sich durch die häufige Verwendung dieses Begriffes in der Literatur und durch die unterschiedliche Ausgestaltung der Vertragsbeziehungen verschiedene Outsourcing-Formen entwickelt, die nun kurz erläutert werden sollen.

---

[1] Vgl. Schwarz, Gerd (2004), S. 15.

Internes bzw. externes Outsourcing unterscheiden sich durch die finanzielle Abhängigkeit des auslagernden Unternehmens zu dem ausgelagerten Prozess. Wird die Unternehmensfunktion an externe, rechtlich und wirtschaftlich eigenständige Unternehmen abgegeben, so spricht man von externem Outsourcing (Auslagerung). Ist es hingegen durch Kapitalbeteiligungen an dem Unternehmen beteiligt, wird internes Outsourcing (Ausgliederung) betrieben. Die Ausführung der ausgegliederten Prozesse wird häufig in der Form der *Shared Services* vollzogen. Dabei werden in Shared Service Centern standardisierte Dienstleitungen durch einen eigenständigen Verantwortungsbereich für mehrere Geschäftsbereiche bzw. Unternehmen erbracht.

In Bezug auf den zukünftigen Standort der Leistungserbringung kann zwischen *On-, Near- und Offshore-Outsourcing* unterschieden werden. Onshore-Outsourcing bezeichnet die Erstellung der Leistung des Dienstleisters im Land des auslagernden Unternehmens, Nearshore-Outsourcing die Auslagerung in ein benachbartes Land mit niedrigerem Lohnniveau (meist Ost-Europa) und Offshore-Outsourcing die Vergabe der Leistungserbringung in Länder mit erheblich geringerem Lohnniveau, wie beispielsweise Asien.

Insourcing bezeichnet die Eigenabwicklung eines oder mehrer Geschäftsprozesse. Ein Unternehmen sollte sich für das In- und gegen das Outsourcing von den Leistungen entscheiden, „die umfangreicheres vertikales Wissen erfordern und gleichzeitig strategisch bedeutend sind"[2].

Zudem wird der Begriff des Insourcing häufig auch als Rückübernahme ehemals ausgelagerter Prozesse verwendet (*Backsourcing*), was in der zeitlichen Entwicklung der Auslagerung eines Prozesses der letzten Stufe entspräche.

Aus strategischer Sichtweise kann ein Unternehmen sich ebenfalls für *Co-Sourcing* entscheiden. Dies ist dadurch gekennzeichnet, dass Mitarbeiter eines Dienstleisters wichtige Positionen übernehmen und gemeinsam mit dem Kunden Prozess-Optimierungen durchführen. Nach erfolgter Optimierung geht die Verantwortung über den Prozess wieder komplett auf den Kunden über.

Selektives Outsourcing (Outtasking) wird nach Lacity/Willcocks (2003) dadurch definiert, dass zwischen 20% und 80% des Gesamtbudgets der Unternehmensfunktion für das Beziehen einer Leistung aufgewendet wird. Dabei werden folglich nur einzelne Aktivitäten, wie z.B. die Serverwartung, ausgelagert. Bei dem *kompletten Outsourcing*

---

[2] Dittrich, Jörg/Braun, Marc (2004), S. 16.

werden dagegen mehr als 80% des Budgets verwendet und somit ganze, allerdings wenig wertschöpfende Funktionen ausgelagert[3]. Beispiele hierfür wären das Auslagern des
Sicherheitsdienstes oder des Kantinen-Services.

2.2. Business Process Outsourcing

Die Auslagerung einzelner Funktionen gestaltet sich häufig sehr schwierig. Anders als
der Kantinen-Service, der recht einfache Tätigkeiten umfasst, beinhaltet bspw. die In-
formationstechnologie Aktivitäten, die innerhalb von Prozessen bzw. Unternehmensbe-
reichen untrennbar miteinander verbunden sind. Eine Teilauslagerung würde folglich zu
erheblichen Kosten für Koordination und Kommunikation führen bzw. überhaupt nicht
möglich sein.

Daher werden im *Business Process Outsourcing (BPO)* komplette, zuvor intern durch-
geführte Geschäftprozesse, die nicht zu den Kernkompetenzen gehören, inklusive Personal und Assets, an den externen Dienstleister ausgelagert, der die Steuerung, Kontrol-
le und Leistungserbringung nach vertraglich festgelegten Kriterien, so genannten Service-Level-Agreements (SLA), auf eigenes Risiko durchführt. Dabei behält das ausla-
gernde Unternehmen durch ein Schnittstellen-Management die Entscheidungen über die
Prozess-Strategie und zusätzlich das erforderliche Know-how für eventuelles späteres
Backsourcing.

Die ehemals wenig wertschöpfenden, kostenintensiven Unterstützungsprozesse werden
somit zu Kernprozessen des Dienstleisters, der die Leistungserbringung optimiert, Inno-
vationen durchführt und den Kunden durch höhere Transaktionsvolumina, Skalen- und
Synergieeffekte, gesteigerte Produktivität und der Verbesserung des Servicegrades an
einer Kostenreduzierung und Qualitätssteigerung partizipieren lässt[4].

3 Umbruch des Bankenmarktes

3.1. Aktuelle Situation der Bankenindustrie

Wirtschaftliche sowie strukturelle Probleme haben die deutschen Banken in den vergangenen Jahren in eine Kosten- und Ertragkrise geführt.

---

[3] Vgl. Lacity, Mary C./Willcocks, Leslie (2003), S. 115-125.

[4] Vgl. Dittrich, Jörg/Braun, Marc (2004), S.1-26, S. 109-159.

Das verhaltene Wirtschaftswachstum hat die Einahmen aus Zins- und Provisionsge-
schäften einbrechen lassen und die Expansion des Bankgeschäfts erheblich behindert.
Die hohe Anzahl der Insolvenzen führte zu einem sprunghaften Anstieg der Kreditaus-
fälle sowie zu steigenden Abschreibungs- und Rückstellungsbeträgen[5].

Des Weiteren beeinträchtigen neben den schwachen Ertragszahlen die hohen Verwal-
tungskosten das Geschäftsergebnis. So liegt die Cost-Income-Ratio (CIR) mit durch-
schnittlich ca. 84% weit über der anderer europäischer Banken und die Rentabilität trotz
der ersten Restrukturierungserfolge weiterhin lediglich auf dem Stand gegen Ende der
neunziger Jahre[6].

Neben den wirtschaftlichen Problemen verhindern aber auch strukturelle Probleme eine
Verbesserung der Ertragssituation. So wird der deutsche Bankenmarkt häufig als „over-
banked" bezeichnet[7]. Die Bankendichte ist mit 2400 Filialen in der Bundesrepublik
Deutschland und 91 Bankmitarbeitern pro 10000 Einwohner im internationalen Vergleich sehr hoch. Zudem liegt der Marktanteil der fünf größten Banken in Deutschland
mit 22,1% weit hinter den europäischen Konkurrenten zurück[8].

Weiterhin ist eine Verschärfung des Wettbewerbs festzustellen, da zunehmend so genannte Nicht-Banken mit günstigen Produkten in den Markt einsteigen, staatliche Ga-
rantien bei öffentlich-rechtlichen Instituten wegfallen und Kundentreue durch die Sub-
stituierbarkeit der Finanzprodukte kaum noch besteht.

Somit zwingen die genannten Faktoren der Ertragsschwäche, des hohen Kostendruckes,
der sinkenden Margen sowie des verstärkten Wettbewerbs zu einer grundlegenden Neustrukturierung der Geschäftsmodelle hin zu einer Konzentration auf die Kernkompetenz.

3.2. Neustrukturierung der Geschäftsmodelle

Viele in Deutschland ansässige Banken treten nach wie vor mit dem alten Geschäftsmodell der Universalbank auf und verrichten einen Großteil der Wertschöpfungsschritte
selbst. Somit weisen die typischen Bankprozesse eine hohe Leistungstiefe von teilweise
bis zu 80% auf. Ein Wettbewerbsvorteil ist allerdings für Universalbanken durch ein
breites Produktportfolio nicht mehr zu erreichen. Vielmehr besteht der dringende Bedarf

---

[5] Vgl. Krause, Eric (2004), S. 1.

[6] Vgl. Eichelmann, Thomas (2004), S. 6.

[7] Vgl. Krause, Eric (2004), S.1; Eichelmann, Thomas (2004), S. 10; Schmidt-Bürgel, Jens (2003), S. 38.

[8] Vgl. Eichelmann, Thomas (2004), S. 8; o.V. (2006): Bankenmarkt in Deutschland, S. 53/54.

durch die Konzentration auf die Kernkompetenz, die Kosteneffizienz zu verbessern und höhere Marktanteile zu erlangen.

Somit muss jede Bank durch die Dekonstruktion der Bankwertschöpfungskette die einzelnen Wertschöpfungsstufen auf ihre Konkurrenzfähigkeit hin mit anderen Anbietern vergleichen. Die dann eigenständigen Funktionen „bilden prozessbasierte Geschäfts- und Unterstützungseinheiten. Auf dieser Basis untersuchen [die Institute], welche Aufgaben oder Prozessteile die Bank auslagern, verkaufen oder gänzlich aufgeben sollte"[9]. Dieser Schritt wird schließlich durch das Konzept des Sourcing aufgegriffen. Durch In- bzw. Outsourcing haben die Banken die Möglichkeit das Aufbrechen ihrer Wertschöpfungskette durchzuführen, somit ihre Leistungstiefe zu reduzieren und letztendlich ihr neues, spezialisiertes Geschäftsmodell unter dem Gesichtspunkt der Größe („Scale") oder der Fähigkeiten („Skill" und „Scope") umzusetzen[10].

Die traditionellen Universalbanken werden sich somit zu fachspezifischen Instituten entwickeln, die ihre Fachkompetenz zur Befriedigung der unterschiedlichsten Kundenbedürfnisse einsetzen. Die Geschäftsmodelle der Banken werden sich somit in vier Bereiche entlang der Wertschöpfungskette segmentieren.

Die *Vertriebsbanken* nehmen die Akquisition und Beratung vor. Die Finanzprodukte beziehen sie von den *Produktionsbanken*, die die Entwicklung, Herstellung und Abwicklung von Finanzprodukten unterschiedlichster Art übernehmen. Das im Vertrieb von den Kunden übernommene Risiko deckt die *Portfoliobank* ab, deren Kernprozesse in der Entscheidung, Refinanzierung, Sanierung und dem Risikomanagement liegen. Die Abwicklung des gesamten Zahlungsverkehrs sowie der Wertpapiere und Kredite übernehmen so genannte *Transaktionbanken*[11].

4 BPO – Entwicklung, aktueller Stand und Trends

4.1. branchenübergreifende Betrachtung

Die Verschärfung des Wettbewerbs sowie verbesserte Technologien haben den industriellen Sektor bereits vor vielen Jahren dazu gezwungen, durch Aufbrechen der Wert-

---

[9] Moormann, Jürgen (2004), S. 16.

[10] Vgl. Moormann, Jürgen (2004), S.16.

[11] Vgl. Bernet, Beat et al. (2004), S. 18.

schöpfungskette und durch den Aufbau von Zuliefererketten ihre internationale Konkurrenzfähigkeit zu stärken.

Diese Entwicklung ist vor allem in der Automobilindustrie zu erkennen. Durch kontinuierliche Auslagerung von Geschäftsprozessen wurde eine derzeitige Fertigungstiefe von ca. 25% erreicht. Nachdem zunächst nur die Produktion einzelner Teile ausgelagert wurde, erstellen Zulieferer heute komplette Module[12]. Eine ähnlich zügige Entwicklung vollzog sich ebenfalls in anderen Industriezweigen. In vielen Branchen wurden verschiedene Unterstützungsprozesse an externe Dienstleister ausgelagert mit dem Ziel, die vorhandenen Kapazitäten auf die Kernkompetenz zu richten.

Es ist aber, trotz Wachstumsaussichten von bis zu 36% bis zum Jahr 2010[13], generiert vor allem durch Human Resource-BPO, festzustellen, dass der deutsche BPO-Markt sich noch in einem frühen Stadium befindet und ca. 4-5 Jahre in der Entwicklung hinter den angelsächsischen Ländern zurückliegt. Dabei richten deutsche Unternehmen ihre Auslagerungsbemühungen derzeit mehr nach Kostensenkungsmöglichkeiten als nach strategischen Zielen aus[14].

4.2. bankenspezifische Betrachtung

Die Entwicklung der Informations- und Kommunikationstechnologie hat es in den vergangenen Jahren ermöglicht, das Outsourcing von Geschäftsprozessen auch auf Dienstleistungen zu übertragen[15].

Allerdings haben die Banken das Potenzial, wenig wertschöpfende Unterstützungsaktivitäten an spezialisierte Dienstleister auszulagern, bisher nur teilweise ausgeschöpft. Die Geschäftsprozesse wurden zwar hinsichtlich der elektronischen Abwicklung und Automatisierung frühzeitig restrukturiert, auf die Auslagerung und Kooperation mit Wettbewerbern wurde aber häufig verzichtet[16]. Ein Grund hierfür mag in der fehlenden Erfahrung bzw. in der derzeit noch sehr skeptischen Einstellung gegenüber dem BPO liegen. Nicht selten fürchten die Banken, dass die Anbieter wichtige Datenschutzbe-

---

[12] Vgl. Walter, Herbert (2001), S. 40.

[13] Vgl. Riedl, Rene (2003), S. 6.

[14] Vgl. Kakabadse, Andrew/Kakabadse, Nada (2002), S. 189.

[15] Vgl. Schwarz, Gerd (2005), S. 17.

[16] Vgl. Lamberti, Hermann-Josef (2004), S. 371.

stimmungen hinsichtlich ihrer sensiblen Kundendaten nicht einhalten können oder das Know-how für die spezifischen Prozesse fehlt[17].

Dennoch tendiert die gesamte Branche auf Grund des hohen Margen- und Kostendrucks zu der Auslagerung verschiedener Prozesse und damit zu einer Verringerung der hohen Leistungstiefe. Denn vor allem „bei den primären Bankprodukten wie Zahlungsverkehr, Kredit- und Wertpapierabwicklung mit kapitalintensiven Elementen der Wertschöpfungskette [...] ist die Erzielung von Skaleneffekten durch Spezialisierung und industrielle Fertigung von zentraler Bedeutung"[18]. Neben diesem Anreiz wird zudem die Lockerung aufsichtsrechtlicher Hürden für die Auslagerung von Geschäftsprozessen[19] die Banken weiter veranlassen, verschiedene Prozesse, die nicht unter den §25a Abs. 2 KWG fallen, auszulagern und sich auf die Kernprozesse zu konzentrieren[20].

5 Entscheidungskriterien der Auslagerung

5.1. Drei Dimensionen der Entscheidungskriterien

Die Entscheidung über die Auslagerung verschiedener Geschäftsprozesse kann anhand von drei unterschiedlichen Dimensionen von Bewertungskriterien getroffen werden.

Bevor diese aber hinterfragt werden können, ist zunächst eine strategische Grundsatzentscheidung zu treffen. Das Management muss sich die Frage stellen, ob der zur Disposition stehende Prozess zum Kerngeschäft des Unternehmens gehört, d.h. zur Differenzierung des Unternehmens auf dem Markt und einen entscheidenden Anteil zur Wertschöpfungskette beiträgt[21]. Sodann entscheidet sich das Unternehmen, entsprechend dem Konzept von Marco Hollekamp (2005)[22], entweder bei hoher Wertschöpfung und Kernkompetenz für eine Erweiterungsstrategie oder bei niedriger für eine Entlastungsstrategie, also für das Outsourcing der Prozesse. An diesem Punkt werden nun die verschiedenen Dimensionen hinterfragt.

---

[17] Vgl. Lancellotti, Roberto et al. (2003), S. 131-135.

[18] Seeger, Steffen/Stürtz, Norman (2003), S. 28.

[19] Vgl. Abschnitt 5.2. Rechtliche Aspekte.

[20] Vgl. o.V. (2005): Banken tun sich mit Outsourcing schwer.

[21] Vgl. Bitkom (2005): S. 19.

[22] Vgl. Hollekamp, Marco (2005), S. 54-56.

„Die Wahl eines passenden Partners ist entscheidend für den Erfolg einer Outsourcing-maßnahme und eine besonders kritische Phase für ein Outsourcingprojekt"[23].

Daher wird in der ersten Dimension zunächst überprüft, ob für den jeweiligen auszulagernden Prozess ein *geeigneter Anbieter* vorhanden ist. Zur Beurteilung werden hierfür verschiedene Kriterien hinzugezogen. So ist zunächst festzustellen, ob ein Anbieter am Markt vorhanden ist, der über ausreichend Erfahrung und vor allem Branchenkenntnisse verfügt[24]. Des Weiteren ist zu klären, ob der Outsourcing-Dienstleister genug finanzielle Ressourcen besitzt, um ein frühzeitiges Abbrechen des BPO-Projekts durch Insolvenz des Dienstleisters zu vermeiden. In den ersten Gesprächen sind schließlich feste Service-Level-Agreements zu definieren, deren Erbringung der Dienstleister zustimmen muss[25].

Können diese Vorgaben durch keinen Anbieter erfüllt werden, sollte auf die Auslagerung des Unternehmensbereiches verzichtet werden.

Andernfalls sind in einem zweiten Schritt die Prozesse hinsichtlich ihrer *Wirtschaftlichkeitspotenziale* zu bewerten.

In dieser Hinsicht stellt das Outsourcing von Prozessen ein Abwägen der Kosten- und Risikounterschiede zwischen der Auslagerung und der weiteren Eigenerstellung dar. Für einen aussagekräftigen Vergleich sind die eigenen Kosten zunächst transparenter zu gestalten, um eine genaue Einsicht in die Kostensituation zu erhalten.

Somit kann hinterfragt werden, ob die Auslagerung des Prozesses einen langfristigen Kostenvorteil generiert. Ein Prozess ist folglich dann an Externe zu vergeben, sofern die derzeitigen Ist-Kosten höher als die ungefähren Migrationskosten, der Aufwand für das Outsourcing-Management sowie die zu berücksichtigenden Gewinnzuschläge des Anbieters sind.

Sind durch steigende technische Anforderungen oder Instandhaltungsaufwendungen hohe Investitionskosten in gering wertschöpfende Unterstützungsprozesse notwendig, sollte die jeweilige Funktion ebenfalls an externe Dienstleister abgegeben werden. Hierdurch wird sichergestellt, dass eine Verbesserung der Innovationsgeschwindigkeit eintritt. Ebenso ist bei der Vergabe von Prozessen zu beachten, ob eventuelle Personal-

---

[23] Hollekamp, Marco (2005), S. 57.

[24] Vgl. Rusch, Gerhard-Konrad (2003): S. 16.

[25] Vgl. Schröder, Carsten/Brüggen, Volker (2004): S. 8.

bestände auf Grund arbeitsrechtlicher Regelungen schnell genug abgebaut werden können und somit keine zusätzlichen Fixkosten darstellen[26]. Aber trotz evtl. Leerkosten durch unausgelastetes Personal wird „eine Auslagerung zunehmend interessanter, je geringer die Wertschöpfung verglichen mit dem operativen Risiko ist"[27]. Kann durch die Übernahme der operativen Tätigkeiten zudem eine Risikoverteilung zu Lasten des Dienstleisters erzielt werden kann, ist ebenfalls eine Auslagerung ernsthaft in Betracht zu ziehen.

Des Weiteren sind wichtige monetäre Entscheidungskriterien zu beachten. Lassen sich durch eine Fremdfertigung bedeutende Kostensenkungen durch Mengen- (economies of scale), Verbund- (economies of scope), Spezialisierungseffekte (economies of skill) erreichen, so ist ein BPO umso vorteilhafter[28].

Als dritte Dimension sind weiterhin auch *strategische Faktoren* als Kriterien, die über Auslagerung oder Verbleib entscheiden, zu betrachten.

So ist zu hinterfragen, ob der Geschäftsbereich durch Konsolidierung und Standardisierung ausreichend vorbereitet ist und zudem alternative Sourcing-Modelle durch Insourcing-Zukauf ausgeschlossen werden können. Ebenfalls ist es dann sinnvoll Geschäftsprozesse auszulagern, sobald sie zusätzlich eine Entlastung des Managements bewirken.

5.2. Rechtliche Aspekte

Neben monetären und strategischen Faktoren sind ebenfalls rechtliche Aspekte in die Überlegung über das Outsourcing von Prozessen einzubringen. So wird darauf hingewiesen, dass professionelles Vertrags-Management einer der wichtigsten Kriterien für die Auslagerung von Geschäftsprozessen darstellt[29]. Ebenso weist der Gesetzgeber auf verschiedene Kriterien hin, die bei der Fremderstellung von Leistungen zu beachten sind.

Ein besonderes Augenmerk muss dabei sowohl dem § 25a Abs. 2 KWG als auch dem § 613a BGB gelten.

Gemäß § 613a BGB muss das aufnehmende Unternehmen die Rechte und Pflichten des früheren Arbeitgebers übernehmen. Demnach können Mitarbeiter nur gegen entspre-

---

[26] Vgl. Nettesheim, Christoph/Grebe, Michael/Kottmann, Dietmar (2003), S. 26/27.

[27] Dittrich, Jörg/Braun, Marc (2005), S. 9.

[28] Vgl. Dittrich, Jörg/Braun, Marc (2005), S. 30-37.

[29] Vgl. Söbbing, Thomas (2005), S. 77.

chende Abfindungszahlungen freigesetzt werden oder ihnen ist im Zuge der Verlagerung eine neue Stelle im Unternehmen zur Verfügung zu stellen. Der § 25a Abs. 2 KWG regelt hingegen die Auslagerung von Prozessen selber. Gemäß dieser Regelung der BAFin darf „die Auslagerung von Bereichen auf ein anderes Unternehmen, die für die Durchführung der Bankgeschäfte oder Finanzdienstleistungen wesentlich sind, […] weder die Ordnungsmäßigkeit dieser Geschäfte oder Dienstleistungen noch die Steuerungs- oder Kontrollmöglichkeiten der Geschäftsleitung, noch die Prüfungsrechte und Kontrollmöglichkeiten der Bundesanstalt beeinträchtigen".

6 Business Process Outsourcing im Bankenwesen

6.1. Auslagerbare Prozesse

Entsprechend der im fünfen Kapitel dargestellten Entscheidungskriterien können nun die auslagerbaren Prozesse identifiziert werden. So ist zunächst entsprechend der strategischen Grundsatzentscheidung festzustellen, welche Prozesse eine Kernkompetenz bilden und welche Aktivitäten fremd erstellt werden können.

In der folgenden Abbildung 1 werden daher die Prozesse nach ihrer Spezifität, ein Merkmal für die Differenzierungsfähigkeit, und ihrem Anteil an der Wertschöpfung in einer Matrix unterschieden. Es ist deutlich zu erkennen, dass die Kerngeschäftsprozesse Vertrieb/Marketing, Produktentwicklung und Risikomanagement nicht ausgelagert

Abbildung 1 Kerngeschäftsprozesse im Bankenwesen[30]

---

[30] Eigene Darstellung, in Anlehnung an Lamberti, Hermann-Josef (2004), S. 373.

werden dürfen, da diese einen erheblichen Anteil zu der Differenzierung am Markt und der Wertschöpfung beitragen. Sie bilden daher die jeweilige Kernkompetenz, auf den der Fokus des Ressourceneinsatzes gerichtet werden muss. Ein Outsourcing dieser Prozesse ist ausgeschlossen[31]. Die weiteren drei Kategorien können hingegen an einen externen Dienstleister vergeben werden. Nach dem Anteil ihrer Wertschöpfung unterscheiden sie sich in Unterstützungsprozesse (Infrastruktur, allg. Geschäftsprozesse) und kernnahe, standardisierte Prozesse ("Commodity" Kernprozesse).

6.1.1. Unterstützungsprozesse

Nachdem vor einigen Jahren die (IT)-*Infrastruktur*, die unter anderem Rechenzentren, Netzwerke, die Telefonzentrale sowie den Desktop Service umfasst, ein notwendiger Teil des Bankenwesens geworden ist, hat sie im Laufe der Zeit ihre strategische Bedeutung wieder verloren[32]. Durch die hohen Investitionskosten für Instandhaltung und die steigenden technischen Anforderungen bildet sie zudem einen hohen Kostenfaktor, trägt hingegen aber nur einen sehr geringen Anteil zur Wertschöpfung bei.

Da diese Funktionen zudem einen sehr hohen Standardisierungsgrad erfahren haben, bietet es sich an, diese Prozesse an externe Dienstleister zu vergeben. Diese können durch aggregierte Kundenaufträge Skaleneffekte erzielen und diese dann an den Kunden weitergeben. Somit ergibt sich durch das Auslagern der Infrastrukturfunktionen ein langfristiger Kostenvorteil für die Unternehmen. Zudem besteht häufig die Möglichkeit große Teile des Personals an den Dienstleister zu verlagern, da dieser fachkundiges Personal für die Bearbeitung der zusätzlichen Aufträge benötigt.

Die *allgemeinen Geschäftsprozesse* steuern ebenfalls keinen großen Beitrag zu der Wertschöpfung im Bankwesen bei. Prozesse wie die Buchhaltung, das Personalwesen, das operative Controlling oder der Einkauf sind zudem durch ihre hohe Arbeits- und Zeitintensität gekennzeichnet und stellen somit einen großen Kostenblock dar. Hinzu kommen bei dem Personalwesen und der Buchhaltung häufige Gesetzesänderungen, die ständiger Anpassungen bedürfen. Daher bietet es sich an, diese Prozesse aufzuspalten. Das Management dieser Prozesse verbleibt im Unternehmen und regelt die unterneh-

---

[31] vgl. dazu Kapitel 3.2.

[32] Vgl. Lamberti, Herrmann-Josef (2004), S. 3.

mensspezifischen Angelegenheiten. Die standardisierbaren Aktivitäten, wie z.B. die Personalabrechnung oder die Rechnungsabwicklung im Einkauf, werden dagegen an spezialisierte Anbieter ausgelagert, die durch ihr hohes Know-how diese Prozesse effizienter und flexibler gestalten können[33].

6.1.2. „Commodity" Kernprozesse

Die *kernnahen „Commodity" Prozesse*, die hoch standardisiert sind und einen hohen Wertschöpfungsanteil haben, bieten das größte Potenzial, das durch Outsourcing realisiert werden kann. Diese Back-Office-Tätigkeiten tragen zum einen kaum zu einer differenzierenden Leistung bei und „zum anderen sind eine Vielzahl der dort erbrachten Leistungen, wie beispielsweise die Wertpapier-, oder Zahlungsverkehrabwicklung, auf Grund hoher Fiskosten und niedriger Grenzkosten erst bei hohen Volumina rentabel"[34]. Obwohl häufig die Auslagerung dieser Funktionen auf Grund ihrer engen Verbundenheit mit anderen Prozessen als kritisch betrachtet wird, sind die durch die angesammelten Volumina und automatisierten Prozessen erzielten Skaleneffekte und Lohnssenkungen weitaus erstrebenswerter als die dauerhaften Erhaltungs- und Entwicklungskosten in Abwicklunssysteme, die selten eine ausreichende Auslastung vorweisen können[35].

Die Entwicklung großer Transaktionbanken, wie dem „BetriebsCenter für Banken" (BCB) der Deutschen Postbank AG, dem „Servicezentrum Bayern" (SZB) oder anderer spezialisierter Anbieter, zeigt zudem, dass ausreichend erfahrene Anbieter auf dem Markt vorhanden sind, die durch die aggregierten Kundenaufträge die entsprechenden Skaleneffekte generieren können und bereit sind, das komplette operative Risiko zu übernehmen. Weiterhin können sie durch ihr spezialisiertes Know-how zur Erweiterung und Verbesserung des Services sowie zur Optimierung der Prozesse beitragen.

6.2. Auslagerung unter Beachtung des § 25a Abs. 2 KWG

Die Auslagerung von Prozessen gemäß §25a Abs.2 KWG unterteilt die verschiedenen Geschäftsfunktionen in drei Gruppen, die verschiedenen Vorschriften unterliegen.

---

[33] Vgl. Battenstein, Robert (2003), S. 40.

[34] Lamberti, Herrmann-Josef (2004), S. 3.

[35] Vgl. Lancelotti, Robert et al. (2003), S. 136.

Die erste Gruppe umfasst die Kernbereiche des Bankenwesens, die nicht auslagerungsfähig sind. Hierunter fallen zum Beispiel die Führungsaufgaben der Geschäftsleiter, die
Entscheidung im Zusammenhang mit bankspezifischen Risiken, den Vertragsabschluss
von Bankgeschäften oder Kreditentscheidungen. Die zweite Gruppe beinhaltet hingegen
die Aktivitäten, die grundsätzlich auslagerungsfähig sind, jedoch einer Anzeigepflicht
unterliegen. Zu diesem Bereich gehören sowohl die zuvor beschriebenen Back-Office-
Tätigkeiten und die Akquise und Vermittlung von Krediten als auch das Call Center.
Ebenfalls anzeigepflichtig ist die Auslagerung der EDV-Funktionen, des operativen
Controllings, der Buchhaltung sowie des Datenschutzes.
Grundsätzlich auslagerungsfähig und nicht anzeigepflichtig ist die Vergabe der Prozesse
der dritten Gruppen. Diese sind beispielsweise das Mahnwesen, die Gebäudeverwaltung
sowie die Personalverwaltung[36].

7 Schlussbetrachtung

Wie die vorhergehenden Ausführungen gezeigt haben, führen die veränderten Gegeben-
heiten des Bankenmarktes die Universalbanken zu der Auflösung ihrer Wertschöpfungsketten und der Neustrukturierung ihrer Geschäftsmodelle. Unter Beachtung recht-
licher, monetärer und strategischer Faktoren können sie durch Auslagerung standardi-
sierter und/oder wenig wertschöpfender Tätigkeiten ihre Ressourcen auf die Kernge-
schäfte konzentrieren, die als Grundlage der neu geschaffenen Geschäftsmodelle die-
nen. Als spezialisierte Vertriebs-, Produktions-, Portfolio- oder Transaktionsbanken sind
sie folglich in der Lage, den spezifischen Kundenwünschen nachzukommen und somit
als Resultat dem Kostendruck zu begegnen und die Ertragslage zu verbessern.
Zukünftig werden weitere Banken dem Trend der Auslagerung kompletter Geschäftsprozesse mit dem Ziel der Kostenreduktion folgen. Erfolgreiche Projekte, wie sie die Deutsche Bank AG in verschiedenen Bereichen umgesetzt hat, haben gezeigt, dass mit erfah-
renen Partnern viele befürchtete Risiken umgangen und so die finanziellen Strukturen
für den zukünftigen Wettbewerb nachhaltig gestärkt werden können. Die Skepsis wird
geringer werden und das Bewusstsein steigen, dass ohne die Konzentration auf die
Kernkompetenzen die eigene Bank in Zukunft kaum am Markt bestehen kann.

---

[36] Vgl. Hofmann, Gerhard (2001), S. 57/58.

8 Literaturverzeichnis

Ade, Benjamin /Moormann, Jürgen (2004): Dekonstruktion der Kreditwertschöpfungskette, in: Achenbach, Wieland/ Moormann, Jürgen/Schober, Holger: Sourcing in der Bankwirtschaft, Frankfurt 2004, S. 153-174.

Battenstein, Thomas (2003): Business Process Outsourcing bei Consors, in: Information Management & Consulting, 18, 3/2003, S. 39-41.

Bernet, Beat et al. (2004): The Swiss Baking Industry in the Year 2010, <http://www.accenture.com/NR/rdonlyres/42D43E61-3E43-4B82-A0AA-B7BF6B6F4AFB/0/SwissBanking2010_e.pdf>, Abrufdatum: 24.08.2006.

Bitkom (Hrsg.) (2005): Business Process Outsourcing: Leitfaden – BPO als Chance für den Standort Deutschland, Berlin 2005.

Dittrich, Jörg/Braun, Marc (2004): Business Process Outsourcing: Entscheidungsleitfaden für das Out- und Insourcing von Geschäftsprozessen, Stuttgart 2004.

Eichelmann, Thomas (2004): Strategien für deutsche Banken im Kontext des Jahres 2004, Vortrag an der Friedrich-Alexander-Universität Erlangen-Nürnberg, 21.01.2004, <http://www.prof-gerke.de/__Download/Bankman_Vortrag_Berger_WS0304.pdf>, Abrufdatum: 12.08.2006.

Gora, Walter/Scheid, Eva Maria (2005): Innovative Outsourcing-Beispiele aus der Praxis, in: Köhler-Frost, Wilfried (Hrsg.): Outsourcing: Schlüsselfaktoren der Kundenzufriedenheit, 5., vollständig neu bearbeitete Aufl., Berlin 2005, S.114-125.

Harms, Claus (2003): Wertschöpfungsketten und Prozessoptimierung, in: Betsch, Oskar/Merl, Günther (2003): Zukunft der Finanzindustrie: Das Überdenken von Geschäftsmodellen, Frankfurt am Main 2003, S.69-91.

Hofmann, Gerhard (2001): Outsourcing und Bankenaufsicht, §25a Abs. 2 KWG, in: Mülbert, Peter O. (Hrsg.): Funktionsauslagerung (Outsourcing) bei Kreditinstituten – Bankenrechtstag 2000, Berlin, New York 2001, S.41-58.

Hollekamp, Marco (2005): Strategisches Outsourcing von Geschäftsprozessen, Mering 2005, Diss.

Jouanne-Diedrich, Holger von (2004): 15 Jahre Outsourcing-Forschung: Systematisierung und Lessons Learned, in: Brenner, Walter (Hrsg.): Informationsmanagement: Konzepte und Strategien für die Praxis, Heidelberg, 2004, S. 125–133.

Kakabadse, Andrew/Kakabadse, Nada (2002): Trends in Outsourcing: Contrasting USA and Europe, in: European Journal, 20, 2/2002, S. 189-198.

Krause, Eric (2004): Systematisierung aktueller Phänomene und Fälle des Sourcing in der Bankwirtschaft auf Strategie und Prozessebene, Institut für Wirtschaftsinformatik Universität St. Gallen, Prof. Dr. Robert Winter, <http://web.iwi.unisg.ch/org/iwi/iwi_pub.nsf/wwwPublRecentEng/021E3C777529DC0 DC12570A30051DE29/$file/Forschungsprojekt_Sourcing_Lehre_ekr_v6.pdf>, Abrufdatum: 23.08.2006.

Lacity, Mary C./Willcocks, Leslie (2003): IT-Sourcing reflections – Lessons for customers and suppliers, in: Wirtschaftsinformatik, 45, 2/2003, S.115-125.

Lamberti, Hermann-Josef (2004): Industrialisierung des Bankgeschäfts, in: Die Bank, 6/2004, S.370-375.

Lammers, Markus (2004): Make, Buy or Share - Combining Resource Based View, Transaction Cost Economics and Production Economies to a Sourcing Framework, in: Wirtschaftsinformatik, 46, 3/2004, S. 204-212.

Lancellotti, Roberto et al. (2003): ICT and operations outsourcing in banking: Insights from an interviewbased pan-European survey, in: Wirtschaftsinformatik, 45, 2/2003, S. 131-141.

Moormann, Jürgen (2004): Geschäftsmodelle in der Bankwirtschaft, in: Managementkompass, 9/2004, S.16.

Nettesheim, Christoph/Grebe, Michael/Kottmann, Dietmar (2003): Business Process Outsourcing – aber richtig!, in: Information Management & Consulting, 18, 3/2003, S. 24-30.

Oecking, Christian/Westerhoff, Thomas (2005): Erfolgsfaktoren langfristiger Outsourcing-Beziehungen, in: Köhler-Frost, Wilfried (Hrsg.): Outsourcing: Schlüsselfaktoren der Kundenzufriedenheit, 5., vollständig neu bearbeitete Aufl., Berlin 2005, S.35-52.

o.V. (2005): Banken tun sich mit Outsourcing schwer, in: Frankfurter Allgemeine Zeitung, 28.06.2005, Nr. 147, S. 16.

o.V. (2006): Bankenmarkt Deutschland, in: Bankenverband deutscher Banken e.V. (Hrsg.): Banken 2006: Fakten, Meinungen, Perspektiven, Berlin, 2006, S. 45-110.

Rebouillon, Jürgen/Bauer, Stanley (2001): Optimierung der Wertschöpfungskette durch Outsourcing, in: Frank Huber (Hrsg.): Management der Wertschöpfungsketten in Banken: Outsourcing, Reengineering und Workflow in der Praxis, Wiesbaden, 2001, S. 127-143.

Recker, Bernd/Jahn, Hendrik Ch./Jarke, Christopher (2003): Outsourcing und/ oder Insourcing als strategische Schritte der Neustrukturierung, in: Betsch, Oskar/Merl, Günther (2003): Zukunft der Finanzindustrie: Das Überdenken von Geschäftsmodellen, Frankfurt am Main 2003, S. 165-177.

Riedl, Rene (2003): Begriffliche Grundlagen des Business Process Outsourcing, in: Information Management & Consulting,18, 3/2003, S. 6-10.

Rusch, Gerhard-Konrad (2003): Abschied vom Do-It-Yourself-Prinzip, in: Information Management & Consulting, 18, 3/2003, S. 12-16.

Schröder, Carsten/Brüggen, Volker (2004): Carrier Outsourcing: There are a lot of rumors – but the opportunities are rare, März 2004, <http://www.detecon.com/de/publikationen/studienbuecher_detail.php?pub_id=87>, Abrufdatum: 12.08.2006.

Schröer, Stefan/Wicht, Wolfgang (2005): Business Process Outsourcing im deutschen Finanzdienstleistungssektor: Eine Darstellung möglicher Handlungsoptionen am Beispiel des FX-Abwicklungsprozesses, in: Wicht, Wolfgang (Hrsg.): Business Information Management, Münster, 5/2005, S.1-32.

Schwarz, Gerd (2005): Outsourcing: Eine Einführung, in: Hermes, Heinz-Josef/ Schwarz, Gerd (2005): Outsourcing: Chancen und Risiken, Erfolgsfaktoren, rechtssichere Umsetzung , München 2005, S. 15-31.

Seeger, Steffen/Stürtz, Norman (2003): Das Dilemma der deutschen Kreditwirtschaft, in: Betsch, Oskar/Merl, Günther (2003): Zukunft der Finanzindustrie: Das Überdenken von Geschäftsmodellen, Frankfurt am Main 2003, S.17-34.

Söbbing, Thomas (2005): Vertragsgestaltung und Vertrags-Management zur Sicherung der Kundenzufriedenheit bei IT-Outsourcing und BPO-Projekten, in: Köhler-Frost, Wilfried (Hrsg.): Outsourcing: Schlüsselfaktoren der Kundenzufriedenheit, 5., vollständig neu bearbeitete Aufl., Berlin 2005, S.77-99.

Thomas, Hans-Martin/Lahrsen, Olaf (2005): BPO im Finanzsektor – ein internationaler Vergleich, in: Köhler-Frost, Wilfried: Business Process Outsourcing, Berlin 2005, S.9-51.

Veit, Thomas (2001): Strategische Perspektiven einer Hypothekenbank, in: Frank Huber (Hrsg.): Management der Wertschöpfungsketten in Banken: Outsourcing, Reengineering und Workflow in der Praxis, Wiesbaden, 2001, S.61-76.

9 Verzeichnis der Gesetze

KWG (2005): Gesetz über das Kreditwesen (Kreditwesengesetz - KWG) in der Neufassung der Bekanntmachung vom 9. September 1998, in: BGBl. I S. 2776, geändert durch Art. 4a des Gesetzes vom 22. September 2005 (BGBl. I S. 2809).

BGB (2006): Bürgerliches Gesetzbuch in der Fassung der Bekanntmachung vom 02.01.2002, in: BGBl. I S. 42 ber. S. 2909, 2003 S. 738, geändert durch Gesetz am 14.08.2006 (BGBl. I S. 1897) m.W.v. 18.08.2006.